VENTE

HOTEL DROUOT, SALLE N° 1

LES LUNDI 29 ET MARDI 30 AVRIL 1901

à 2 heures 1/4

MAGNIFIQUE MOBILIER

DE STYLES

XVIIe ET XVIIIe SIÈCLES

MARBRES, OBJETS D'ART

TABLEAUX

ANCIENS ET MODERNES

SUPERBES TAPISSERIES

De l'époque Louis XIV

Me F. LAIR DUBREUIL

COMMISSAIRE-PRISEUR

Successeur de M[e] [illegible]

6, Rue de Hanovre

M. A. BLOCHE

EXPERT

Près la Cour d'Appel

28, Rue de Châteaudun, 28

EXPOSITION PUBLIQUE SALLES N°s 1 & 2

Le DIMANCHE 28 AVRIL 1901, de 2 heures à 5 heures et demie

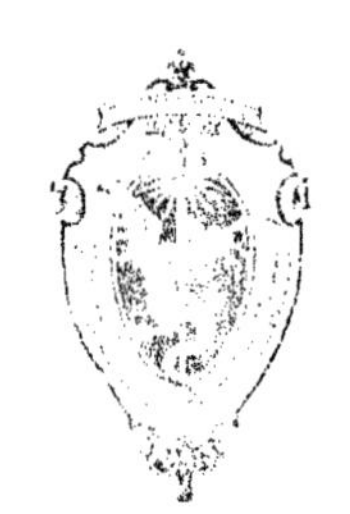

CATALOGUE

D'UN

MAGNIFIQUE MOBILIER

DE STYLES

XVIIe ET XVIIIe SIÈCLES

Importants ameublements de salon en tapisserie, Velours de Gênes et soierie

MEUBLES ANCIENS

Chambre à coucher et piano en vernis Martin, Billard, Coffre-fort

MARBRES DE F. DE BROUSSE, BRACONY, D'ÉPINAY

Bronzes de Barbedienne

Porcelaines, Faïences, Argenterie

TABLEAUX ANCIENS ET MODERNES

AQUARELLES, DESSINS, PASTELS

ŒUVRES DE MAITRES

SUITE DE

QUATRE SUPERBES TAPISSERIES

à sujets mythologiques du temps de Louis XIV

BRODERIES ANCIENNES

Tentures, Tapis

DONT LA VENTE AURA LIEU

HOTEL DROUOT, SALLE N° 1

LES LUNDI 29 ET MARDI 30 AVRIL 1901

A 2 HEURES 1/4

Me F. LAIR DUBREUIL
COMMISSAIRE-PRISEUR
SUCCESSEUR DE Me DUCHESNE
6 — Rue de Hanovre — 6

M. ARTHUR BLOCHE
EXPERT
PRÈS LA COUR D'APPEL
28, Rue de Châteaudun, 28

Chez lesquels on trouve le catalogue.

EXPOSITION PUBLIQUE

Salles N°s 1 et 2

LE DIMANCHE 28 AVRIL 1901

DE 2 HEURES A 5 H. 1/2

LE PRÉSENT CATALOGUE SE TROUVE A

Paris	Chez Me LAIR DUBREUIL, commissaire-priseur, successeur de Me DUCHESNE, 6, rue de Hanovre
	Chez M. A. BLOCHE, expert près la Cour d'Appel, 28, rue de Châteaudun.
Londres.	Chez M. F. DAVIS, 149, New Bond Street.
Rome	GALERIE SANGIORGI, Palais Borghèse.
Florence	Chez M. GALLI DUNN, 3, Piazza San Maria Novella.
Berlin	Chez M. GÉRARD VAN AAQUEN, 22, Markgrafenstrasse.
Cologne	Chez MM. BOURGEOIS frères, Museumplatz.
Francfort-sur-Mein.	Chez MM. GOLDSCHMIDT, joailliers, 15, Kaizerstrasse.
—	Chez M. ALTMANN, 3, Am Salzhaus.
Munich	Chez M. BERNHEIMER, 3, Maximilien Platz.
Amsterdam..........	Chez M. J. BOASBERG, 63, Kalverstraat.

CONDITIONS DE LA VENTE

La vente sera faite *expressément* au comptant.

Les acquéreurs paieront, en sus des adjudications, *dix pour cent*.

L'exposition mettant le public à même de se rendre compte de l'état des objets, il ne sera admis aucune réclamation une fois l'adjudication prononcée,

Paris. — Imprimerie Ménard et Chaufour, 8-10, rue Milton.

DÉSIGNATION

MOBILIER

1 — Magnifique ameublement de salon en bois finement sculpté et doré, à guirlandes de fleurs, feuillages et rubans enroulés couverts en tapisserie d'Aubusson ; les dossiers offrant des petits personnages dans des paysages, les sièges des groupes d'animaux, allégories aux fables de Lafontaine, encadrements à guirlandes de fleurs sur contre fond vieil or, composé d'un canapé et huit fauteuils. Style Louis XVI.

2 — Belle commode de forme ventrue et cintrée en bois de violette et bois de rose, richemement garnie de bronzes ciselés et dorés, montants à cariatides de femmes, encadrements à grandes rocailles fleuronnés, au milieu desquelles des enfants musiciens jouant avec des animaux se détachent en haut relief : composition inspirée des cartons de Berain, dessin en marbre brèche rose suivant les contours élégants du meuble. Style Louis XV.

3 — Table en bois sculpté et doré à médaillons et enroulements de fleurs, posant sur huit pieds reliés par un croisillon, dessus marbre blanc. Style Louis XVI. Travail de Saubresy.

4 — Deux consoles en bois sculpté et doré à cannelures, dessus en marbre blanc. Style Louis XV.

5 — Très beau piano en bois sculpté et doré, orné de peintures vernis Martin à sujets d'après LANCRET, de la maison PLEYEL.

6 — Tabouret de piano en bois sculpté et doré à perlés et rais de cœur couvert en satin noir et broderie. Style Louis XVI.

7 — Chaise légère en bois sculpté et doré, dossier à attributs champêtres, couverte en soierie fond crème brochée à fleurs. Style Louis XVI.

8 — Chaise en noyer sculpté rehaussé d'or, dossier forme lyre, couverte en soierie rayée. Style Louis XVI.

9 — Deux jolies petites chaises en bois finement sculpté peint en blanc, dessin à rubans enroulés et piécettes enfilées, pieds cannelés, reliés par un croisillon, dossier et siège foncé de canne dorée, avec coussins en soierie brochée fond crème à fleurs. Style Louis XVI.

10 — Joli guéridon en bronze finement ciselé et argenté, pieds forme gaines feuillagées surmontées de têtes de lions reliées par des guirlandes de fleurs, dessus étoilé et à rayons avec bordure offrant des élégants rinceaux feuillagés. Style Louis XV.

11 — Jardinière sur trépied de même travail et de même style que le guéridon précédent.

12 — Beau meuble à deux corps en acajou moucheté ciré marqueté de losanges en érable richement garni de bronzes ciselés et dorés à guir-

landes et couronnes de fleurs. Le haut ouvre à deux portes, flanqué de chaque côté de colonnettes cannelées, fronton orné d'un médaillon en bronze doré, offrant des enfants d'après CLODION, le bas forme ocmmode surmontée de tiroirs. Travail de style Louis XVI.

13 — Grande console en bois sculpté peint blanc offrant un enfant musicien, des volatiles et des chimères ailées au milieu de rocailles feuillsgées. Époque Louis XV.

14 — Beau paravent triptyque en bois sculpté et doré à perlés et rais de cœur, style Louis XVI ; panneaux en ancienne tapisserie offrant des armoiries, des bouquets de fleurs et des ornements feuillagés.

15 — Important mobilier de salon en noyer sculpté, à feuilles d'acanthe et rosaces, couverts en velours de Gênes fond rouge ton sur ton, ciselé à grands branchages fleuris composé d'un canapé, de six fauteuils, six chaises et de trois coussins. Style Louis XIV.

16 — Ameublement de petit salon en bois sculpté peint gris et or, modèle à contours composé d'un grand canapé et de six fauteuils en soierie brochée et bouquet de fleurs. Style Louis XV.

17-21 — Ameublement de salle à manger en bois sculpté laqué blanc composé : 1° d'un buffet à deux corps, le haut à petits carreaux ; 2° de deux bahuts vitrés garnis de bronzes dorés à dessus en marbre vert de mer ; 3° d'un meuble-argentier ; 4° d'une table carrée ; 5° de seize chaises couvertes en brocatelle fond crème à dessin vert offrant des petits médaillons feuillagés sur fond de treillage.

22-23 — Très bel ameublement de cabinet de travail composé : 1° d'un meuble à deux corps d'aspect architectural en ébène incrusté d'ivoire gravé ouvrant à six portes, offrant des figures allégoriques aux Arts et aux Sciences, le haut flanqué de colonnettes en écaille rouge de l'Inde, et à galerie; 2° d'une table-bureau en ébène incrusté d'ivoire gravé, dessus offrant des médaillons à scènes de chasse et trophées guerriers.

24 — Quatre chaises en noyer couvertes en cuir repoussé à fleurs fon bleu, fourni par la maison DULUD,

25-26 — Deux bibliothèques à hauteur d'appui en bois noir incrusté de filets de cuivre ouvrant à trois portes vitrées.

27-28 — Deux vitrines pour collections en bois peint verts et filets dorés, garnies à l'intérieur de soie rouge.

29 — Billard en chêne sculpté à bandes américaines de la maison POULAIN, avec les accessoires.

30 — Deux chaises en bois sculpté et doré couvertes en satin crème brodé. Style Louis XV.

31-32 — Deux bureaux Louis XIII, en bois de violette et palissandre incrusté de filets d'ivoire à ornements, ouvrant à sept tiroirs et une porte, posant sur huit pieds reliés par des croisillons.

33 — Vitrine plate en acajou à filets et moulures de cuivre. Style Louis XVI.

34 — Commode en acajou, poignées en cuivre, dessus en marbre gris. Époque Louis XVI.

35 — Grande bibliothèque en poirier noirci, garnie d'ornements et moulures en bronze foncé, le haut vitré, le bas formant bureau-ministre. Travail de style Renaissance de la maison GROHÉ.

36 — Bureau à deux corps en noyer sculpté, le haut supporté par deux chimères ailées offrant sur les portes des figures allégoriques à la Peinture et à la Musique, le bas à huit pieds cannelés reliés par des croisillons. Style Renaissance.

37 — Grand et beau lit de milieu avec son baldaquin surmonté de deux panaches recouverts en ancien velours rouge cerise garni d'applications d'or, accompagné de deux rideaux et d'un couvre-lit. Epoque Louis XIV.

38 — Belle armoire en bois sculpté et vernis Martin ouvrant à trois portes, celle du milieu orné d'une glace biseautée, celles de côté offrant des scènes d'après WATTEAU. Style Louis XV.

39 — Deux tables de nuit analogues, dessus en marbre.

40 — Glace avec cadre en bois sculpté offrant des enfants au milieu de rocailles et d'enroulements feuillagés.

41 — Console d'applique Louis XIV en bois sculpté et doré offrant au centre le Temps debout sur un mascaron.

42 — Socle d'applique Louis XIV en bois sculpté et doré, offrant un médaillon à tête casquée au milieu d'ornements feuillagés.

43 — Coffret en bois noir, incrusté de cuivre et d'écaille.

44 — Quatre fauteuils Louis XVI en bois sculpté peint blancs, couverts en tapisserie au point, offrant des médaillons à bouquets de fleurs.

45 — Canapé en bois sculpté peint blanc couvert en lampèze fond crème à bouquets de fleurs et cariatides. Style Louis XVI.

46 — Belle chambre à coucher du Ier Empire en acajou garni de bronzes ciselés et dorés composée : d'une armoire à glace, d'un lit de coin, d'une table de nuit à dessus de marbre noir, d'une commode et d'un secrétaire couverts par un marbre brun veiné.

47 — Deux décors de fenêtre Ier Empire en satin rouge cerise, broché de soie jaune à rosaces.

48 — Ameublement de cabinet de toilette en bois de violette garni de bronzes dorés, style Louis XVI composé : 1° d'une toilette à dessus en marbre rouge; 2° d'une psyché à glace biseautée, flanquée de chaque côté de deux chiffonniers; 3° d'une table à coiffer, dessus en onyx, surmontée d'une glace.

49 — Grand porte-manteau en noyer sculpté, à rosaces et clochetons, panneaux en cuir repoussé, patères en fer forgé. Style gothique.

50 — Pendule d'applique en fer forgé et cuivre dans une niche en noyer garni de fer forgé. Style gothique.

51 — Table Louis XIII en bois noir, incrusté de plaques en ivoire gravé et nacre, offrant des scènes mythologiques et des ornements feuillagés, pieds sculptés.

52 — Porte-manteau d'applique, en chêne sculpté à têtes d'animaux, orné d'une glace ovale.

53 — Deux escabeaux en chêne sculpté, dossiers forme armoiries.

54 — Grande jardinière en cuivre repoussé à feuillages et oves. Style Renaissance.

55 — Console en palissandre incrusté de filets de cuivre, dessus en marbre blanc.

56 — Lit en cuivre jaune.

57 — Support carré en bois de fer sculpté de Chine.

58 — Cabinet en bois noir incrusté d'ivoire gravé, dessin représentant des guerriers et des ornements. Époque Louis XIII.

59 — Banquette d'antichambre formant coffre, et stalle à voussure en noyer sculpté. Style gothique.

60 — Coffre-fort formant chiffonnier, de la maison VALETTE.

MARBRES

61 — Très belle statue en marbre blanc : *Diane de Windsor*, de P. d'EPINAY. Signée.

62-63 — Deux bustes en marbre grandeur nature, représentant : *Apollon et Diane*.

64 — Buste de femme en marbre, avec voile et fleurs dans les cheveux. Signé : FAURE DE BROUSSE.

65 — Buste de femme en marbre blanc, avec grand col et paré d'un collier de perles. Signé : BRACONY.

66-67 — Deux bustes d'enfants en marbre blanc, d'après GERMAIN PILON et CARRACHE, socles en marbre rouge.

68 — Deux colonnes en marbre rouge, avec chapiteaux corinthiens et thyrses de laurier en bronze doré, base et plinthe en marbre griotte.

BRONZES

69 — Belle jardinière en marbre bleu turquin et marbre rosé richement garnie de bronzes ciselés et dorés à arabesques feuillagées, guirlandes de fleurs et de laurier, anses à têtes de béliers travail de style Louis XVI de la maison Barbedienne.

70-71 — Deux groupes en bronze représentant : Flore et l'Amour et Hamadryase et Enfant d'après Coysevox, édition de Barbedienne.

72 — Statuette en bronze argenté et doré : *Marguerite*, signée L. Boisseau, édition de Jules Graux.

73 — Paire de candélabres formés par des figurines de nymphes drapées portant des cornes d'abondance d'où s'échappent des rinceaux à sept lumières en bronze doré, socles en marbre rouge. Style Louis XVI.

74 — Pendule forme lyre en marbre blanc garni de bronzes ciselés et dorés à feuillages et guirlandes de fleurs, cadran signé, Lenoir à entourage en strass. Style Louis XVI.

75 — Beau groupe en bronze, patine foncée : *La Nuit*, signé : Carpeaux, sur socle en bronze doré de style Louis XV.

76-77 — Quatre bras d'appliques à une lampe et six bougies en bronze argenté et doré, de la maison Barbedienne.

78 — Deux bras d'applique en bronze doré à quatre lumières disposées pour le gaz.

79 — Deux appliques à gaz en bronze poli forme boule.

80 — Deux statuettes de *Bacchantes* en bronze, patine foncée, signées H. MOREAU, socles en marbre ; disposées en lampes électriques.

81 — Paire de petits flambeaux en bronze ciselé et argenté à attributs champêtres, bordure à perlés; travail de style Louis XVI de la maison BARBEDIENNE.

82 — Grande coupe en bronze, décor représentant des bacchantes, socle en marbre noir.

83 — Groupe de deux enfants en bronze, allégorie à l'Eté.

84 — Fontaine en bronze représentant un enfant terrassant un dauphin.

85 — Deux socles d'appliques en bronze représentant des têtes de lions signés : FRATIN.

86 — Cruche en cuivre repoussé à armoiries et personnages.

87 — Deux bouts de table en cuivre poli surmontés de cariatides d'enfants. Style Renaissance.

88 — Lampe en bronze ciselé et doré à têtes de satyres et feuillages. Style Renaissance.

89 — Deux grands vases en émail cloisonné du Japon, fond noir à volatiles sur des branchages fleuris, gorge aux dragons sur fond aventuriné.

90 — Brûle-parfums en bronze fumé du Japon, décor aux dragons et lambrequins.

91 — Statuette en bronze : *Jeune fille à la rose.*

92 — Statuette en bronze argenté : La *Gymnasiarque,* signé : C. Anfrie.

93 — Paire de candélabres en bronze doré à quatre lumières disposées pour l'électricité.

LUSTRES ET SUSPENSIONS

94 — Grand lustre en bronze garni de cristaux à soixante-six lumières.

95 — Lustre en bronze garni de plaquettes et d'étoiles en cristal. Style Louis XIV.

96 — Lustre en bronze doré orné de chaînettes et de plaquettes en cristal taillé, de la maison Barbedienne.

97 — Grande suspension de salle à manger en bronze ciselé de style Louis XV, à une lampe et seize bougies.

98 — Grand lustre en bronze garni de cristaux à trente-cinq bougies disposées pour le gaz.

99 — Lanterne orientale d'antichambre en cuivre, disposée pour le gaz.

100 — Lustre en verre de Venise.

101 — Lanterne d'antichambre en fer forgé disposée pour le gaz.

102 — Suspension de billard en bronze argenté, disposée pour l'électricité.

103 — Lustre en bronze garni de cristaux.

FAIENCES ET PORCELAINES

104-105 — Deux belles vasques en porcelaines de Chine, décor en émaux de couleur de la famille verte à volatiles au milieu de branchages fleuris, sur supports en bois de fer sculpté à dessus de marbre rose.

106 — Deux grands vases en porcelaine du Japon, décor en bleu à volatiles dans des paysages accidentés.

107 — Garniture de cheminée en faïence émaillée bleu, rouge et or, de Gallé, de Nancy, représentant des lions héraldiques, composée d'une pendule et de deux candélabres.

108 — Plat en faïence hispano-mauresque à reflets métalliques, dessin à ornements et inscriptions, ombilic offrant une armoirie.

109 — Grand plat rond en céramique à reflets métalliques, dessin représentant des oiseaux de mer volant au-dessus des flots. Signé Clément Massier au Golfe de Juan.

110 — Deux bouteilles en faïence de Perse, fond bleu à fleurs.

111 — Deux grandes plaques en ancienne faïence italienne représentant Neptune et Jupiter.

112 — Compotier en vieux Chine, famille rose, décor aux coqs.

113 — Quatre plats ronds de grandeurs différentes du Japon.

114 — Coupe ajourée sur piédouche, en faïence de Savone, décor en bleu.

115 — Dix-huit assiettes en faïence de Marseille à personnages.

116 — Cinq compotiers en faïence décor à fleurs.

117 — Plaque en faïence de Delft, décor en bleu représentant une marine.

118 — Quatre plats en faïence décorée à armoiries et personnages.

119 — Deux coupes sur piédouche en ancienne faïence de Castelli et d'Urbino.

120 — Deux assiettes de Castelli à paysages et ruines.

121 — Coupe lobée en faïence de Rouen à corbeille fleurie.

122 — Coupe en faïence de Blois, fond bleu.

123 — Deux compotiers en vieux Chine, famille rose, bordure fond marbré.

124 — Deux compotiers vieux Chine, décor aux dragons en rouge corail.

125-129 — Vingt et une assiettes ou coupes en porcelaine de Chine à fleurs, personnages, animaux. (*Seront divisées.*)

OBJETS DIVERS

130 — Buvard en cuir rouge gravé et doré au petit fer, garni d'appliques en bronze émaillé.

131 — Petit carnet en écaille garnie d'argent et de perles.

132 — Boîte à gants en vernis Martin, fond d'or à personnages.

133 — Coffret en verre rouge, dessin doré. Epoque 1830.

134 — Poignard en fer ciselé, représentant Adam et Eve, des têtes de roi et de reine et des ornements feuillagés sur fond doré.

135 — Groupe en pierre de lard sculptée de Chine représentant des personnages assis sur un rocher enveloppé de nuages.

136 — Garniture de bureau en lapis-lazuli et bronze, composée de cinq pièces.

137 — Petite glace biseautée, cadre en cuivre repoussé.

ARGENTERIE

138 — Corbeille ajourée en argent offrant des médaillons à bustes d'hommes sur fond treillagé. Louis XVI.

139 — Plaque orientale en argent repoussé à corbeilles et branchages fleuris.

140 — Cafetière en argent ciselé, panses à arabesques. Style Louis XVI.

141 — Deux carafons à vins fins en cristal taillé à côtes et gravé, monture en argent de style Louis XV.

142 — Paire de flambeaux Louis XVI en argent, fuseaux cannelés et enguirlandés de fleurs.

143 — Cache-pot en argent repoussé offrant tout autour le Triomphe de Vénus, culot à godrons. Louis XVI.

144 — Ecuelle Louis XVI avec son couvercle et son plateau en argent, offrant des médaillons à têtes d'hommes reliés par des guirlandes de laurier.

145 — Petit pichet en porcelaine de Sèvres fond d'or à fleurs, monture en argent.

146 — Douze verres à liqueurs en argent gravé et doré.

147 — Porte-cure-dents et porte-cigares en argent formés chacun par une figurine d'amour posant sur un socle.

148 — Service à salade en argent, dessin à rocailles.

149 — Six porte-menus en argent, forme cygnes, bases en argent doré.

150 — Petit déjeuner d'enfant en argent, composé d'une assiette creuse et d'une cuiller à coquille en nacre. Style Louis XV.

151 — Deux salières doubles bouts de table forme coquilles en argent.

152 — Trois coupes à anses en argent fleurdelisé et ornées de pièces de monnaies anciennes.

153 — Deux petits seaux Louis XIII en argent repoussé à mascarons et armoiries au milieu d'ornements.

154 — Moutardier en argent à figures d'amours tenant un écusson, et à guirlandes de fruits. Style Louis XVI.

155 — Service de table en argent ciselé à mascarons, clochettes et tors de lauriers, orné des lettres A. B. entrelacées en or, travail de style Louis XVI de la maison Aucoc, composé de :

Douze grands couverts; douze grands couteaux; douze couverts d'entremets; douze couteaux à dessert lame acier; douze couteaux à dessert lame argent.

156 — Vingt-quatre fourchettes en argent, analogues au service précédent.

157 — Huit couteaux à dessert, manches en ivoire et lames en argent.

158 — Deux carafons en cristal taillé et gravé, monture en argent.

TABLEAUX

BARON

159 — *La Diseuse de bonne aventure.*

Signé.

BARON (H).

160 — *Diane chasseresse.*

Petit panneau signé à droite.

BENASSIT (E.).

161 — *Partie de chasse.*

Effet d'hiver.
Signé à gauche.

BERCHÈRE

162 — *Campement d'Arabes.*

Signé à droite.

BONNAT (L.)

163 — *Combat de Jacob et de l'Ange.*

Beau dessin.
Signé à gauche et daté 1876.

BOUCHER (Attribué à)

164-165 — *Allégories à la Peinture et à la Musique.*

Deux jolies compositions de nombreux amours.

COIGNARD (L.)

166 — *Vaches au repos.*

Signé à gauche.

CONSTANT (Benjamin)

167 — *Souvenir du Maroc .*

Aquarelle.
Signé à gauche et daté 1873.

COURBET

168 — *Le Vieux château.*

Signé à droite.

DAMOYE (E.

169 — *Paysage traversé par un cours d'eau.*

Signé à gauche.

DEBOUT

170 — *Vue de ville.*

Sur une place publique de nombreux personnages causent entre eux; à droite des bateaux remontant un cours d'eau.

Signé à gauche.

DEMARNE

171 — *Le Retour du marché.*

Signé.

172 — *Paysage, effet d'hiver.*

Signé à droite.

DUNAND

173 — *Vaches au pâturage.*

DUPRE (J.)

174 — *Le Pêcheur à la ligne.*

FRANÇAIS ET BARON

175 — *Les Joueurs de boules.*

Sur une terrasse plantée de gros arbres feuillagés, des jeunes gens s'adonnent au plaisir du jeu de boules, tandis que des jeunes femmes les regardent tout en bavardant.

Beau tableau.

Signé à droite et à gauche.

FRANÇAIS

176 — *Paysage montagneux.*

Signé à droite et daté 1878.

FRÈRE (Théodore)

177 — *Campement arabe près d'un cours d'eau.*

GALARD

178 — *Paysage hollandais avec cours d'eau et voilier.*

Signé à gauche.

GILBERT

179 — *Voiture de fleurs.*

Aquarelle.
Signée.

HERNANDEZ

180 — *Le Passage du gué.*

Gracieuse composition.
Signé à gauche.

JACQUE (Ch.)

181 — *Troupeau dans un paysage.*

Effet d'orage.
Signé à gauche.

LEFÈVRE (Ad. R.)

182 — *Une arrestation sous Henri III.*

MARILHAT

183 — *Sur les bords du Bosphore.*

Signé à gauche et daté 1882.

MEISSONIER (D'après)

184 — *La Lecture.*

Gravure en noir par Henri Vion.

MORONEY

185 — *Pêcheur à la ligne aux environs de Joinville-le-Pont.*

NITTIS (de)

186 — *La Promenade autour du lac.*

Signé à gauche.

PALIZZI

187 — *La Chaumière.*

Signé à gauche.

PATER

188 — *La Pavane.*

189 — *Les Divertissements champêtres.*

Deux gracieuses compositions animées de nombreux personnages se faisant pendants.

POUSSIN (Le)

190 — *Troupeau de moutons à l'abreuvoir.*

ROUSSEAU (Attribué à)

191 — *Petit paysage.*

SAINT-PIERRE (G.)

192 — *L'Orientale.*

Signé à droite.

STEVENS (Alf.)

193 — *Vapeur et voiliers au large.*

Signé à droite.

TIÉPOLO (attribué au)

194 — *Le Martyr de Saint-Étienne.*

TOFANO (E.)

195 — *Portrait de jeune femme blonde.*

Signé en haut à gauche.

TOULMOUCHE (A.)

196 — *L'Indiscrète.*

Signé à droite et daté 1872.

TOURNEMINE (Ch. de)

197 — *Pêcheurs et pêcheuses près de la mer.*

Signé à droite.

TRAYER (J.)

198 — *A l'Eglise.*

Signé à gauche.

TROYON (C.)

199 — *Le Sonneur de cor.*

Petit panneau signé à gauche.

VIDAL

200 — *Le Mariage à l'église.*

Joli tableau.
Signé à gauche et daté 1897.

VILLAIN (E.)

201 — *La Ménagère.*

Signé à droite.

WASHINGTON (G.)

202 — *Arrêt de cavaliers arabes près d'un cours d'eau.*

Signé à gauche.

WASHINGTON (G.)

203 — *La Caravane.*

Signé à droite.

ZIEM

204 — *Vue de Stamboul.*

Au premier plan à droite des personnages sont assis près d'une fontaine; au milieu des barques suivent un cours d'eau; dans le fond se détache la ville en perspective.
Signé à gauche.

ZIEM

205 — *Le Grand canal à Venise.*

Aquarelle.
Signée à gauche.

ÉCOLE ESPAGNOLE

206 — *La Chasse au faucon.*

Grand panneau, peinture sur cuir.

ÉCOLE ESPAGNOLE

207 — *Portrait de jeune fille blonde.*

ÉCOLE HOLLANDAISE

208 — *Portrait de chef de corporation.*

Réprésenté coiffé d'une toque avec une chaîne lui tombant sur la poitrine et tenant ses gants dans la main.

ÉCOLE HOLLANDAISE

209 — *Portrait de dame noble.*

Réprésentée en robe de velours noir avec grand col tuyauté, garni de dentelles, parée de joyaux.

ÉCOLE HOLLANDAISE

210 — *Portrait de jeune dame noble.*

Elle regarde presque de face, habillée d'un grand manteau en velours noir avec col tuyauté, coiffée d'un bonnet garni de dentelles.

ÉCOLE HOLLANDAISE

211 — *Portrait de jeune femme.*

En costume de soierie rayée et broché avec manteau de velours et col tuyauté, coiffée d'un bonnet garni de dentelle.

ÉCOLE HOLLANDAISE

212 — *Portrait de dame en costume noir à devant de brocart avec collerette tuyautée.*

ÉCOLE HOLLANDAISE

213 — *Portrait de dame noble en costume bleu et parée de joyaux.*

ÉCOLE HOLLANDAISE

214-215 — *Portraits de seigneur et de dame noble.*

Deux tableaux se faisant pendants.

216 — *Portrait de femme avec collerette.*

ÉCOLE ITALIENNE

217 — *Coriolan et sa famille.*

Cadre en bois sculpté et doré.

TAPISSERIES ET BRODERIES ANCIENNES

TENTURES, TAPIS

218 — Suite de quatre magnifiques tapisseries de Beauvais ou de Bruxelles du temps de Louis XIV, représentant des scènes allégoriques à l'histoire des dieux et des déesses, composition de nombreux personnages gracieusement groupés dans des paysages fleuris et verdoyants. Remarquables bordures à fond jaune offrant des amours au milieu de rinceaux enguirlandés et enrubannés soufflant dans des conques, des enfants debout sur gaînes surmontés de vases d'or et émaillés enguirlandés de laurier avec couronnement à groupes de cigognes au-dessus desquelles s'enlacent des enfants ; en haut une suite d'amours prenant leurs ébats dans un paysage au milieu duquel flamboie un brûle-parfums accosté de béliers.

La première représente *Apollon chez les Muses.*

La deuxième la *Fuite de Daphné* protégée par l'amour et allant se réfugier près des fleuves.

La troisième *Daphné et les déesses près du Fleuve Pénée son père.*

La quatrième le *Bosquet de Diane.*

Cette suite de tapisserie se recommande à l'attention des amateurs par le dessin, l'harmonie du coloris et le charme des compositions comme par l'élégance des bordures.

219 — Portière en ancienne tapisserie verdure avec volatiles, encadrée de velours rouge.

220 — Portière en ancienne tapisserie à personnages, bordure sur deux côtés.

221 — Portière en ancienne tapisserie, verdure animée de volatiles, montée sur fond de drap bleu.

222 — Très belle décoration de salle à manger composée de sept panneaux en soie brodée et ornée d'applications de soie représentant des animaux et des volatiles dans des paysages accidentés et boisés. Travail de la maison Penon.

223 — Panneau Louis XIII en broderie de soie à rinceaux feuillagés.

224 — Devant d'autel en broderie de soie à arabesques et ornements feuillagés. Époque Louis XIII.

225 — Tapis de table en velours crème brodé d'or à pilastres et corbeilles fleuries. Époque Louis XIV.

226 — Tapis de table en satin gris perle brodé d'argent à entrelacs et rinceaux de feuillages et de fleurs. Époque Louis XIII.

227 — Décor de salon composé de deux fenêtres et de deux baies en soierie verte avec bandes en velours de Gênes à fleurs.

228 — Décor de fenêtre composé d'un bandeau et de deux pentes en tapisserie représentant des écussons, des personnages et des fleurs.

229 — Deux jolis panneaux en soierie crème, brodée de soie et d'or représentant un vase fleuri dans un encadrement feuillagé, époque Louis XIV, appliqué sur fond de satin rose.

230 — Cantonnière en panne verte garnie d'applications.

231 — Garniture de siège en velours de soie grenat garni d'applications de velours vert pâle et de soie blanche, dessin à rocailles.

232 — Dalmatique en ancienne soierie fond crème broché à fleurs garni de petits panneaux en broderie de la Renaissance, sur fond velours rouge offrant des médaillons à figures de saints et de saintes.

233 — Deux chapes en ancienne soierie blanche broché à fleurs.

234 — Bandeau ancien de la Renaissance en velours rouge garni d'applications représentant des dauphins.

235 — Bandeau en velours et soie rouge garni de broderies à ornements feuillagés.

236 — Petit panneau en soierie blanche tissée d'argent garni de broderie d'or à entrelacs feuillagés. Epoque Louis XIII.

237 — Cinq lambrequins et une tablette de cheminée en velours rouge et velours vert garni d'applications de soies.

238 — Six beaux rideaux en paille brochée d'or et de soie bleue à feuillages.

239 — Deux rideaux et un fond de lit en soierie vert garnie de broderies de soie bleue, avec draperie en peluche bleue.

240 — Trois panneaux en tapisserie d'Aubusson offrant dans un encadrement une grande armoirie sur fond crème.

241-245 — Dix portières de Karamanie.

246 — Trois lambrequins en lampas fond vert et fond rouge à grands branchages.

247 — Décors de lit et de fenêtre en soierie, fond vieil or broché à fleurs.

248 — Deux grands tapis de Smyrne, décor polychrome.

249 — Objets omis.

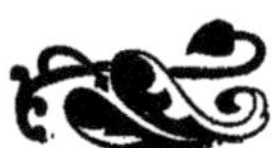

www.ingramcontent.com/pod-product-compliance
Ingram Content Group UK Ltd.
Pitfield, Milton Keynes, MK11 3LW, UK
UKHW020521180726
13839UKWH00005B/2222

9 782329 609461